CONSIDÉRATIONS

SUR LES GOUVERNEMENS,

ET PRINCIPALEMENT

SUR CELUI QUI CONVIENT A LA FRANCE.

Par M. MOUNIER.

A VERSAILLES,

De l'Imprimerie de PH.-D. PIERRES,
Premier Imprimeur Ordinaire du Roi,
rue Saint-Honoré, N°. 23.

1789.

INTRODUCTION.

Il est peut-être des circonstances où l'on
est excusable de parler de soi. Je sais que
plusieurs personnes m'accusent d'avoir des
principes *foibles*. On conviendra du moins
que, dans le moment présent, on n'a nul
besoin de courage, pour montrer de l'é-
nergie dans les prétentions, & de la *phi-
losophie* dans les moyens ; mais que pour
avouer des principes *foibles*, il faut avoir
un peu de fermeté.

Ceux qu'on me reproche sont cependant
les mêmes qu'on a souvent jugés exagérés,
dans le cours de l'année précédente ; c'est
que mes opinions n'ont point changé avec
les événemens ; je ne crois pas qu'elles
aient été jusqu'à ce jour favorables au despotisme. Je ne crois pas que j'aie pu nuire à
ma patrie en prouvant les dangers des pri-

A

vileges des Provinces, dans l'Assemblée tenue à Visille, le 21 Juillet 1788, où l'on déclara que les États de Dauphiné ne reconnoîtroient jamais d'autres subsides que ceux qui seroient accordés par les États-Généraux; -- en publiant sans relâche qu'il falloit oublier tous les préjugés de lieux, de corps & de profession, adopter pour patrie la France entiere, & mettre la liberté publique sous la garde de tous ; -- en contribuant à la constitution des Etats de Dauphiné, à laquelle les circonstances ont donné de grands défauts, mais qui a porté les autres Provinces à réfléchir sur les droits des peuples;-- en dénonçant dans l'Assemblée tenue à Romans pendant le coursdu mois de Novembre, les inconvéniens de la séparation des Ordres ; & en y soutenant la nécessité de faire délibérer les trois Ordres constamment réunis, & de compter les suffrages par tête, dans les États-Généraux de 1789, pour faciliter l'établiſſement de la conſtitution ; vérités qui furent conſacrées dans une lettre écrite au Roi, au nom duDauphiné; -- en combattant dans les États de la même Province les ſyſtêmes préſentés par la majorité des Notables ; -- en diſtinguant , dans *mes obſervations ſur les États-Généraux*, les moyens propres à établir la conſtitution, de ceux qui doivent la maintenir.

Il pourroit m'être permis de dire que, dans un temps où il étoit dangereux de réſiſter aux Miniſtres, j'ai donné quelques preuves de zele & de fermeté ; mais je dois avouer que je n'aime point à créer les obſtacles, pour le plaiſir de les combattre ; que je ne ſuis l'ennemi de l'autorité, que lorſqu'elle veut opprimer le peuple ; que j'abhorre l'abus de la force, la tyrannie ou la licence de la multitude, autant que le pouvoir arbitraire d'un ſeul ; que dans tout ce que j'ai fait, dans tout ce que j'ai écrit pour la révolution préſente , j'ai tâché d'exprimer l'amour de la justice & de la modération ; que j'ai hautement professé mon attachement extrême au Gouvernement Monarchique ; que je n'ai jamais séparé la liberté du peuple, de la puissance légitime du Monarque ; que ma Province m'en a donné l'exemple, & prescrit le devoir.

C'est encore d'après les mêmes principes, que je hasarde de publier quelques réflexions rédigées à la hâte, sur la constitution qui convient à la France.

CONSIDÉRATIONS

SUR LES GOUVERNEMENS,

ET PRINCIPALEMENT,

SUR CELUI QUI CONVIENT A LA FRANCE.

Par M. MOUNIER.

De la liberté.

LE Peuple François veut la liberté ; ce nom sacré comprend lui seul tous les droits dont l'homme doit jouir dans l'ordre social. Il n'exprime pas la faculté de faire sa volonté sans aucune réserve ; car si chaque individu possédoit cette faculté, il auroit le droit de nuire à ses semblables : le plus fort, le plus adroit parviendroit à subjuguer les autres : la liberté deviendroit l'appanage d'un petit nombre : ou si la servitude générale n'étoit pas établie, tout se décideroit par la violence, & les Citoyens seroient dans un état de guerre perpétuelle.

La liberté appartient à tous les hommes ; mais pour qu'ils puissent tous en jouir, il faut que nul n'attaque impunément celle des autres. La liberté consiste donc à pouvoir faire tout ce qui n'est pas nuisible à autrui.

A 3

[6]

Pour empêcher un Citoyen d'attenter à la liberté d'un autre, il faut déterminer les droits & les devoirs de tous : il faut défendre les actions nuisibles, & établir des peines contre ceux qui s'en rendent coupables.

Pour déterminer les droits & les devoirs, il faut établir des regles que les Citoyens puissent connoître, & auxquelles ils puissent se conformer. Ces regles sont appellées des loix, parce qu'elles lient & qu'elles obligent tous les membres de la société. C'est donc l'autorité de la loi qui assure la liberté générale ; c'est la loi qui détruit l'empire de la force ; c'est elle qui protege tous les droits ; sans elle il ne peut point exister de liberté.

Mais remarquons bien les caracteres des loix. On ne peut donner ce nom qu'à des regles précises qui apprennent aux Citoyens ce qu'ils doivent faire & ce qu'ils doivent éviter, qui n'aient pas un effet retroactif ou une exécution rélative à des faits antérieurs, qui soient le résultat d'une volonté calme & réfléchie, & qui ne soient jamais dirigées par la prévention ou la haine contre un individu, ou par le désir de lui être favorable. Ainsi les loix ont cet avantage que, n'étant rendues que pour la société en général, elles imposent à tous les Citoyens des obligations communes ; que lorsqu'il faut décider les cas particuliers, elles préviennent la partialité des jugemens, elles éclairent ou contraignent la volonté des Magistrats ; qu'elles avertissent sans cesse chaque individu de ses devoirs ; qu'elles offrent un secours constant à la foiblesse ; & enfin qu'elles instruisent le Peuple des bons ou des mauvais desseins de ses chefs, en lui donnant une mesure certaine pour juger leur conduite dans l'exercice de leurs fonctions.

Du pouvoir arbitraire, & de l'anarchie.

Une Nation qui n'a point de loix ne peut se régir que par les décisions d'une volonté passagere qui change suivant les temps, les circonstances, les personnes, & qui n'étant éclairée par aucune regle, cede à la prévention, à la haine, à la pitié, à toutes les passions.

Le pouvoir ainsi exercé sans regles, sans principes constants, est celui que nous appellons pouvoir arbitraire. En quelques mains qu'il soit placé, les citoyens ne sont pas libres. Ils ne peuvent jouir en sûreté d'aucun de leurs droits; leur vie même est toujours en danger; l'innocence peut être facilement confondue avec le crime; & les actions les plus indifférentes peuvent être qualifiées de délit.

Que le pouvoir arbitraire soit confié à un seul ou à plusieurs ou à la multitude, il a toujours les mêmes effets; & je n'y mets d'autre différence, si ce n'est que, plus le nombre de ceux qui l'exercent est considérable, plus la liberté personnelle est en péril.

Le despotisme d'un seul est ordinairement tempéré par le sentiment de sa foiblesse, & par la crainte de trop irriter ses sujets : mais quelle digue opposer au pouvoir arbitraire de la multitude !

C'est sans doute un superbe spectacle pour un ami des hommes, de voir un peuple sentir qu'il n'est pas né pour servir les caprices de ceux qui le gouvernent, & pour être possédé comme un vil troupeau, se réveiller d'une longue léthargie, s'indigner du poids de ses fers & braver la mort pour briser le joug de l'esclavage. Sans doute un Peuple qui possede ce noble courage est digne d'être libre : mais combien il importe à son bonheur qu'après s'être affranchi de la servitude, il se soumette à l'empire de la loi; car s'il exerce lui-même la souveraineté, entraîné par le sentiment de sa force, la moindre résistance lui paroît un crime digne de mort. C'est dans le feu des passions qu'il prononce ses volontés. S'il n'étoit pas passionné, il ne gouverneroit pas ; l'obstacle qu'apporte nécessairement le grand nombre aux délibérations, les rendroit impossibles ; si l'on vouloit s'obstiner à les prendre dans le calme, il faudroit renoncer à délibérer. On ne peut y parvenir qu'en captivant l'attention, en dominant le tumulte par la force de l'éloquence, en réveillant les passions des Auditeurs, en excitant leur enthousiasme. Les partis violents sont les seuls qui peuvent être entendus ; la modération & la prudence paroissent des actes de foiblesse. Cédant aux premieres impressions, un pareil Peuple ne prendra jamais le temps nécessaire pour consulter les avis du savoir & de l'expérience. Il se laissera séduire par de faux bruits, parce qu'il est essentiellement crédule; & dans ses moments de fureur, il exercera l'ostracisme envers un grand homme. Il voudra la mort de Socrate, le pleurera le lendemain, & quelques jours après, lui dressera des autels.

Dans cet état d'anarchie, l'observateur est d'abord séduit par l'image flatteuse de l'indépendance; mais il est bientôt convaincu qu'au milieu de cette multitude en agitation, aucun homme ne jouit de la liberté & de la sûreté. Une calomnie, un fimple foupçon fuffifent pour le mettre en danger : la faveur du Peuple ne fauroit même l'en garantir; & comme les fentimens extrêmes font les feuls qui animent les affemblées tumultueufes, il n'eft point d'intervalle entre l'amour & la haine; & rien n'eft plus commun, dans les faftes de la puiffance populaire, que de voir la multitude brifer de fes mains l'idole qu'elle avoit encenfé le jour précédent.

Ce qui fur-tout eft de la plus terrible confé-quence dans le defpotifme de la multitude, c'eft que ceux qui ne favent pas réfléchir, (& c'eft toujours le plus grand nombre) foutiennent cette autorité jufqu'au moment où ils en deviennent les victimes; qu'ils la foutiennent parce qu'ils la partagent; c'eft que peu d'hommes ont le courage de lui réfifter. Rien n'eft plus fréquent que de rencontrer des gens d'honneur qui s'empreffent de lutter contre l'autorité arbitraire d'un feul : mais devant la force de la multitude, tout cede à l'inftant, on obéit fans rougir; & comme elle diftribue elle-même la gloire puifqu'elle forme l'opinion publique, il faut avoir le plus fublime courage pour ne pas flatter toutes fes paffions, il faut favoir dédaigner la gloire & même braver la honte.

Pour achever de caractérifer le defpotifme populaire, on doit ajouter qu'il fe termine le plus fouvent par le pouvoir arbitraire d'un feul. Quand la multitude eft venue au point de redouter fes propres excès, elle fe choifit un chef, & finit par obéir à tous fes caprices.

Je le répete donc : la véritable liberté n'eft

que la sûreté des biens & des personnes ; cette sûreté n'a point d'autres fondemens que le respect des loix. La licence ou l'anarchie est donc la plus cruelle ennemie de la liberté. La licence n'est autre chose que le pouvoir arbitraire, c'est la faculté de pouvoir nuire impunément, & dans ce sens, le despotisme d'un Monarque absolu, n'est que la licence d'un seul, comme l'anarchie est la licence de la multitude.

De la division des pouvoirs.

Pour que les loix puissent maintenir la liberté, il faut assurer leur exécution : c'est la nécessité d'établir des loix & de les exécuter, qui exige les institutions que nous appellons Gouvernement.

Pour empêcher la tyrannie, il est absolument indispensable de ne pas confondre avec le pouvoir de faire les loix, celui qui doit les faire exécuter ; si leur exécution étoit confiée à ceux qui les établissent, ils ne se considéreroient jamais comme engagés par des loix antérieures.

L'exécution des loix est fréquemment arrêtée par le choc des passions qu'elles combattent. Les passions de ceux qui sont chargés de les faire observer sont aussi mises en mouvement par une sorte de réaction. S'il leur est permis d'écouter leurs volontés particulieres, la loi n'est plus impartiale, ou plutôt on abuse de son nom, pour déguiser un régime oppresseur.

Quant au pouvoir judiciaire, il n'est qu'une émanation du pouvoir exécutif qui doit le mettre en activité & le surveiller constamment : mais afin que le pouvoir exécutif n'introduise pas l'arbitraire dans les Tribunaux, & ne domine pas la confcience des Juges, les loix doivent garantir léur liberté dans l'exercice de leurs fonctions, & ne pas permettre qu'ils foient dépoffédés de leur emploi pendant le tems qu'elles auront déterminé, fi ce n'eft pour une prévarication, & en vertu d'un jugement légal.

C'eft une vérité inconteftable que la réunion des pouvoirs détruit entiérement l'autorité dès loix, & forme le defpotifme.

Dans les Républiques anciennes on n'avoit point affez connu l'importance de la divifion dès pouvoirs légiflatif & exécutif. On avoit établi des Corps, des Magiftrats à qui l'on avoit confié divers dégrés de puiffance : mais le pouvoir arbitraire étoit fans ceffe à côté de la loi. Auffi de violentes convulfions troubloient fouvent la paix publique. La liberté, la licence & la fervitude fe fuccédoient rapidement. A Rome, par exemple, le droit de faire des loix appartenoit au Peuple, au Sénat, au Préteur ; ils avoient auffi le droit de les faire exécuter, & même celui de juger. On ne doit pas être furpris qu'avec un pareil gouvernement le peuple romain n'ait pu conferver fa liberté. Il n'auroit pas autant tardé de déchirer lui-même le fein de fa patrie, pour la précipiter enfuite dans l'efclavage, fi fes chefs n'euffent eu le foin de le conduire fouvent à l'ennemi, & de diriger fon ardeur vers la conquête du monde.

Mais comment doivent être exercés les pouvoirs légiflatif & exécutif ? Il faut prendre ici pour feul guide le plus grand avantage de la fociété, &

ſe rappeler que le meilleur gouvernement eſt celui qui porte au plus haut degré le bonheur & la ſûreté du peuple.

Pour qu'un peuple puiſſe ſans de très-grands inconvéniens ſe réſerver le pouvoir de faire des loix, il faudroit qu'il fût très-peu nombreux ; qu'il eût des mœurs ſimples, que ſes intérêts fuſſent faciles à régler, & que les fortunes fuſſent à-peu-près égales, c'eſt-à-dire, qu'il n'exiſte pas ſur la terre de peuple connu, à qui la démocratie, dans le ſens qu'on attache pour l'ordinaire à cette ex-preſſion, puiſſe véritablement convenir.

Si le nombre des perſonnes qui délibèrent eſt trop conſidérable, les réſolutions ſont priſes au milieu du tumulte ; on ne s'éclaire point par la diſcuſſion, on ne refléchit pas ſur les conſéquen-ces. Tous les individus ſont entraînés par l'imita-tion, ou par la crainte d'encourir l'indignation publique, en combattant les opinions qui plaiſent à la multitude. Si les fortunes ſont inégales, les pauvres ſeront forcés d'abandonner le ſoin des af-faires publiques ; & ſans leur conſerver aucune in-fluence, les riches s'empareront du gouvernement.

Je ſuis même ſi frappé des inconvéniens inſépa-rables de la démocratie pure, qu'en ſuppoſant qu'il exiſtât une Nation digne de la poſſéder, je ne pourrois lui en conſeiller l'uſage. En effet un peuple dont le nombre n'excéderoit pas douze ou quinze cents hommes éclairés, égaux en richeſ-ſes, pleins de zele pour leur patrie, ſeroit certaine-ment, par ſa ſituation, le plus propre à exercer en corps le pouvoir légiſlatif.

Cependant n'agiroit-il pas plus prudemment, s'il conſidéroit que les circonſtances qui lui facili-

tent l'exercice de ce pouvoir, doivent bientôt
ceffer, que la population s'augmentera, que les
richeffes feront bientôt inégales, qu'il deviendra impoffible à tous les citoyens de paffer leur
tems à délibérer fur l'intérêt général, que les Magiftrats chargés de l'exécution des loix ufurperont
le droit exclufif de les propofer, tromperont la
multitude, ne lui laifferont qu'une influence appa-
rente, ou que, dans un moment d'effervefcence,
elle fe choifira un chef, & lui donnera tous les
genres d'autorité.

D'ailleurs quand un peuple fe réunit en corps
pour faire des loix, peut-il exifter une puiffance capable de balancer la fienne? Eft-il facile
de le convaincre du danger de la réunion des pouvoirs? Eft-il facile de s'oppofer à fes volontés. Si
les Magiftrats chargés de l'exécution des loix ne
parviennent pas à le tromper ou à le féduire, à
multiplier leurs prérogatives, à fe rendre maîtres
du tems & des fujets de délibération, auront-ils
quelques moyens de prévenir des changemens con-
tinuels dans les loix? Pourront-ils empêcher le
peuple d'ordonner, d'exécuter, de juger arbitrairement?

Qu'on ne me cite pas les exemples des anciennes
républiques; elles pourroient fournir beaucoup de
preuves en faveur de ces réflexions; d'ailleurs les
anciennes républiques étoient toutes de véritables
ariftocraties, puifque la plus grande partie de leurs
habitans étoient efclaves, & que les citoyens pauvres vendoient leur liberté pour fe procurer leur
fubfiftance. Ainfi par cette affreufe politique, ils
excluoient du gouvernement la claffe la plus nom-
breufe, & rendoient les délibérations moins dif-

ficiles. On doit aussi remarquer que, malgré la confusion des pouvoirs législatif, exécutif & judiciaire, plusieurs corps différents en partageoient l'exercice avec le peuple ; & ce partage, en suscitant des rivalités & des agitations continuelles, tempéroit le pouvoir arbitraire, & empéchoit les divers partis de s'y livrer avec sécurité.

Il est inutile de démontrer combien il seroit absurde, pour éviter les inconvéniens de la démocratie, de rendre un seul homme le maitre absolu de tout un peuple, ou de réserver le droit de faire des loix, à un petit nombre de personnes à qui il appartiendroit héréditairement ou qui choisiroient elles-mêmes pour remplir les places vacantes. L'aristocratie est le pire des gouvernemens, lors même qu'elle use avec modération de son autorité ; elle avilit le caractere public ; elle voue le plus grand nombre des citoyens au mépris de quelques familles.

S'il est dangereux de laisser la législation au peuple en corps, il seroit bien plus dangereux encore de lui laisser les pouvoirs exécutif & judiciaire ; ils acquerroient dans ses mains une force supérieure à celle des loix. Ils ne seroient plus destinés à faire respecter les révolutions du corps législatif, mais les décisions arbitraires de la multitude.

Tous les peuples doivent donc confier ou déléguer l'exercice des pouvoirs ; mais ils doivent aussi tellement les diviser & en assigner les limites, que ce qu'ils ont établi pour l'utilité commune ne puisse jamais être employé contre le but de son institution. Ils doivent s'interdire tous les moyens

de réſiſtance contre les loix, & ne s'en doivent
réſerver que contre la tyrannie.

On ne me ſoupçonnera pas ſans doute de vouloir nier que toute autorité émane de la nation :
mais la ſeule conſéquence qu'il faut tirer de ce
principe, c'eſt qu'aucun Gouvernement n'exiſte
pour l'intérêt de ceux qui gouvernent ; car ſi
tous les pouvoirs émanent du peuple, il importe
à ſa félicité qu'il n'en ait pas l'exercice, & qu'il
ne conſerve que l'influence néceſſaire pour empêcher les dépoſitaires de ſes pouvoirs d en faire
un uſage contraire à ſes intérêts.

De toutes les républiques anciennes & modernes, celles qui ſe ſont le plus rapprochées des
vrais principes, ſont certainement les Etats-Unis
de l'Amérique ; ils ont confié le pouvoir légiſlatif à des repréſentans du Peuple, & le pouvoir
exécutif à un Magiſtrat.

La repréſentation du Peuple étoit inconnue aux
Anciens ; & quand on réfléchit à tous ſes avantages,
on eſt tenté de pardonner au Gouvernement
féodal, dont-elle tire ſon origine, tous les maux
qu'il a faits à l'Europe. La repréſentation du
Peuple, malgré tous les ſophiſmes des admirateurs
outrés des Grecs & des Romains, eſt véritablement
la plus belle, la plus heureuſe de toutes les inſtitutions politiques.

Le peuple a toujours aſſez de lumieres pour
ſentir le prix de la vertu. Les hommes qu'il choi-
ſit ſont ordinairement dignes de ſa confiance. Il
exerce par la nomination de ſes repréſentans la
véritable autorité qu'il importe de lui réſerver, pour
la conſervation de la liberté publique, & qui bien

lóin d'avoir des inconvéniens, eſt la ſource des plus grands avantages.

Le pouvoir légiſlatif ne doit pas être confié à des hommes ſans fortune, qui n'auroient ni aſſez de loiſir, ni aſſez de lumieres pour s'occuper avec ſuccès du bien général : mais par la repréſentation il s'établit des liens de fraternité entre les riches & ceux qui ſont forcés de travailler pour leur ſubſiſtance. Les premiers ont intérêt à mériter les ſuffrages des autres, ils cherchent à ſe concilier l'opinion publique. Dans tous les pays où les repréſentans du Peuple ſont librement élus, le rang & l'opulence inſpirent moins d'orgueil, les mœurs ſont moins corrompues, & le luxe moins effréné.

Du pouvoir exécutif, confié à tems & par élection.

Dans les républiques Américaines tous les genres de pouvoirs ſont confiés pour un temps déterminé & par élection. Il eſt facile de voir qu'un pareil gouvernement ne peut convenir qu'à une population peu conſidérable.

Le pouvoir exécutif eſt, pour la félicité publique d'une importance abſolument égale au pouvoir légiſlatif ; ou plutôt ils ne peuvent pas exiſter l'un ſans l'autre. A quoi ſerviroit une loi, ſi la force publique ne la faiſoit pas obſerver. Ainſi le pouvoir exécutif & l'autorité de la loi ſont abſolument inſéparables.

L'exécution de la loi éprouve plus d'obſtacles

en

en proportion du nombre des citoyens. Dans un petit État il y a moins de crimes à punir. Les abus font facilement apperçus & réformés. Au contraire dans un État d'une grande étendue & d'une immense population, il faut une surveillance continuelle pour maintenir la tranquillité publique. Les infractions envers les loix font plus multipliées, plus difficiles à découvrir, & les troubles beaucoup plus dangereux. Il y a donc nécessité de confier plus de force au pouvoir exécutif, dans un grand État, que dans une petite République. On ne dirige pas une armée comme une légion, & une légion comme une compagnie de soldats ; il faut toujours proportionner le lévier à la pesanteur du corps qu'on veut mettre en mouvement.

Rien ne prouve mieux la nécessité de donner au pouvoir exécutif une grande force que les précautions prises par les Anciens, pour suppléer à la foiblesse des moyens employés ordinairement à l'exécution des loix. *Delolme* a fait lui-même cette réflexion, & rappellé les imprudentes ressources de l'ostracisme & de la dictature auxquelles les Athéniens & les Romains avoient recours dans certaines circonstances. Il est difficile de concevoir une constitution plus vicieuse que celle qui obligeoit un peuple à bannir tous les hommes qui obtenoient un grand crédit par leurs talens ou leurs vertus, ou celle qui forçoit un autre peuple à donner à un seul, le droit de vie & de mort sur tous les citoyens.

Le pouvoir exécutif est nécessairement foible, s'il est confié à tems & par élection. Le Magistrat qui en est revêtu, est alors dans une certaine dépendance de ceux qui l'ont choisi. Il est lié par la reconnoissance envers les personnes qui lui ont procuré des suffrages ; il peut être sur-tout retenu par la crainte de susciter, pendant l'exercice de ses fonctions, des ennemis qui puissent répandre l'amertume sur le reste de ses jours. Les intrigues, les sollicitations, les menaces rallentiront sans cesse son courage ; les ordres qu'il fera transmettre aux agens qui lui sont subordonnés, ne seront pas fidélement remplis, ils auront souvent intérêt à lui désobéir, & rarement à lui témoigner de la soumission & de la fidélité ; ils ne pourront penser à sa puissance, sans entrevoir le jour déterminé où elle finira. Il doit même exister un intervalle, dans tous les États-Unis, où le pouvoir exécutif est presque sans force. C'est celui où le dépositaire est près du terme de ses fonctions. Aussi plusieurs observateurs, en approuvant toutes les résolutions de la plupart des législatures Américaines, ont cru appercevoir que jusqu'à ce jour le pouvoir exécutif n'avoit pas eu une assez grande autorité, que les subsides ne sont pas payés, les Tribunaux peu respectés, & les délits impunis, mais que l'inobservation des loix n'y entraîne pas de grands désordres, parce que les mœurs y sont douces, les besoins faciles à satisfaire, & que les hommes n'y sont pas entassés comme en Europe : quoiqu'il en soit, il est du moins certain que si le pouvoir exécutif des Gouverneurs Américains est suffisant pour les États-Unis, il ne le seroit pas pour une grande Nation.

Du Gouvernement fédératif.

Il est vrai qu'un peuple nombreux pourroit se

diviser & former plusieurs Souverainetés qui se li-
gueroient entr'elles, comme les Cantons Suisses,
les Provinces-Unies, & les États-Unis de l'Amérique : mais voici, je crois, les suites nécessaires
de l'union fédérative. Elle pourra subsister sans
trouble, si les diverses parties de l'union n'ont
d'autre intérêt commun que celui de la paix & de
la guerre ; c'est-à-dire, si elles se bornent à con-
tracter une alliance, si elles ne forment pas une
Assemblée permanente de leurs envoyés respectifs,
si ces envoyés ne s'occupent que du soin de veiller
à la défense générale du pays, qu'ils n'aient aucune armée à leurs ordres, qu'ils ne puissent faire
aucune loi, imposer aucun subside, & enfin, si
chaque Province dispose à son gré de ses forces
particulieres, sauf à fournir les secours stipulés
par les traités d'association : mais sur-tout il faut
que ce peuple soit purement agricole, qu'il soit à
l'abri des invasions, par sa position naturelle, que
les diverses Provinces aient à peu près les mêmes
produits, les mêmes moyens d'industrie, qu'elles
ne puissent jamais se trouver en concurrence pour
leur commerce, qu'elles n'exigent pas différents
genres de protection. Il faut que ce peuple reste
pauvre, indifférent aux querelles de ses voisins,
& que s'il y prend quelque part, ce soit comme
auxiliaire stipendié.

Si un peuple veut être commerçant, s'il veut
avoir quelqu'influence sur les intérêts des Nations,
protéger les moyens de maintenir la paix générale,
si les Provinces ont divers genres de richesse,
s'il faut, pour l'intérêt des unes, des forces mari-
times, pour celui des autres, de grandes forces de
terre, si plusieurs, entourées de voisins puissants,

font obligées d'affurer leurs frontieres par des trou-
pes nombreufes, il eft évident qu'une fimple alliance
ne fuffiroit pas pour les mettre en fûreté contre les
invafions de leurs ennemis, que les Provinces mari-
times ne fauroient fupporter feules les frais de l'en-
tretien d'une flotte, les Provinces frontieres, les
frais d'une forte armée. Il faudroit donc alors reffer-
rer les liens & confondre les intérêts, affujettir toutes les parties de l'union aux mêmes charges, aux
mêmes avantages, créer un corps légiflatif & une
puiffance exécutrice pour régler tout ce qui inté-
reffe l'affociation en général, leur confier des ar-
mées, les autorifer à établir des impôts.

Mais bientôt la jaloufie éclatera entre les Provinces. La différence de leurs intérêts les mettra
fouvent en oppofition ; chacune d'elles ayant fes
loix, fon gouvernement, aura des préjugés particuliers ; chacune d'elles voudra retirer les plus
grands avantages de l'affociation ; il n'y aura
point d'efprit public. On fupportera avec peine les
facrifices qu'exige le maintien de l'union. Pour
faire refpecter les décrets du corps fédératif, il
faudra fans ceffe augmenter fes prérogatives ; la
place du chef de ce corps deviendra bientôt, par
fon importance, un fujet de brigues & de querelles. Pour les prévenir, un Stathoudérat héréditaire fera établi ; & enfin le Stathouder en pro-
fitant des rivalités des Provinces, parviendra
bientôt à les affujettir, les unes par les autres, à
fon autorité abfolue (1).

----

(1) Le congrès Americain aura, par la nouvelle conftitution fédérative, le droit de légiflation exclufive fur un diftrict
non excédant dix mille quarrés, ainfi que dans tous les lieux

Mais qu'importe, au reſte, la queſtion de ſavoir ſi un gouvernement *federatif* peut être durable ? Comment regretteroit-on de n'être pas né ſous un pareil gouvernement, puiſqu'il eſt vrai que le pouvoir exécutif y obtient rarement aſſez d'autorité pour faire obſerver les loix, puiſqu'il eſt vrai que toute ſociété, pour peu qu'elle ſoit nombreuſe, n'a pas de parti plus prudent à ſuivre, que de confier le pouvoir exécutif héréditairement à un ſeul Magiſtrat, ſoit qu'on l'appelle Roi, Duc, Comte & Marquis, ſuivant l'étendue du territoire ; & perſonne n'ignore que, dans la ſituation actuelle de l'Europe, qui probablement ſera à péu près la même dans bien des ſiecles, on doit s'eſtimer très-heureux d'appartenir à un grand État, afin de n'être pas traité avec injuſtice ou conſidéré comme tributaire par une puiſſance voiſine.

Du Gouvernement monarchique.

Quel gouvernement convient donc le plus à une grande Nation ? Il eſt impoſſible d'héſiter dans la réponſe : c'eſt le gouvernement monarchique.

Je ne comprends pas, ſous le nom de monarchie, tous les gouvernemens auxquels on eſt en uſage de le prodiguer. Par-tout où la volonté du Prince eſt une loi, je ne puis appercevoir que le deſpotiſme : mais j'entends par

---

où ſeront conſtruits des forts, magaſins, arſenaux, chantiers & autres édifices eſſentiels. Ceux qui s'intéreſſent aux Anglo-Américains ont vu avec quelque peine placer ainſi le germe de la ſervitude dans le pays de la liberté ; car les membres du congrès auront des ſujets auxquels ils donneront des loix.

monarchie le gouvernement où un feul *régit* fuivant la loi, où un feul eft chargé de la faire exécuter ; & perfonne n'ignore que lorfque le pouvoir exécutif eft dans les mains d'un feul, il a plus de force & de célérité que lorfqu'il eft confié à un corps qui perd à délibérer le tems où il eft néceffaire d'agir.

Ainfi la véritable monarchie eft le gouvernement de la loi ; & certainement on ne peut pas en faire un plus bel éloge ; car il n'eft point de citoyen qui ne foit libre, lorfque la loi eft fupérieure à toute autorité.

La differtation précédente fur les autres gouvernements peut faire naître quelques réflexions fur l'excellence de la monarchie ; elle paroîtra peut-être inutile, car en général les François aiment la monarchie ; mais il eft bon de rappeler tous fes avantages : ceux qui les connoîtront défireront bien plus encore de voir établir, dans la conftitution du royaume, toutes les parties néceffaires à la perfection de cette forme de gouvernement.

Je crois non-feulement que le gouvernement monarchique eft le feul qui convienne à un grand peuple, mais encore que c'eft celui qui convient le plus à tout peuple dont le nombre excede deux ou trois cents mille hommes. Il a fur-tout l'avantage de pouvoir fe concilier avec la liberté générale de tous les membres de la fociété, tandis que, fous le nom de république, fous le nom même de démocratie, exiftent tant d'ariftocraties réelles. On peut même dire que, chez les Anciens, aucun peuple n'étoit libre, puifque la multitude étoit efclave dans tous les pays ; & c'eft la raifon pour la-

quelle leurs inſtitutions peuvent ſi rarement convenir aux peuples modernes.

En fixant la conſtitution de la France, il faut
bien conſidérer l'immenſe population de ce royaume. Une aſſociation auſſi nombreuſe eſt ſi loin
de la nature qu'il ne faut pas prétendre la gouver-
ner avec des moyens ſimplès, tels que ceux qui
pourroient ſuffire pour régir une ville ou une petite province.

Quand on réfléchit ſur ce ſujet important, on
eſt ſurpris de voir que le moyen qui ſéduit le plus
l'imagination, eſt ſouvent celui qui s'oppoſe le
plus au bonheur public, & qu'on eſt forcé d'en
préférer un autre qui, au premier apperçu, ſem-
bloit contredire les lumieres de la raiſon.

On doit ſur-tout ne pas ſuivre aveuglément
toutes les leçons des philoſophes : leur juſte prévention contre les préjugés vulgaires, les a preſque toujours entraînés au-delà des bornes. Ils ont
trop ſouvent qualifié d'erreurs mépriſables, des
maximes ou des opinions néceſſaires à la félicité des
citoyens ; ils n'ont pas aſſez conſidéré que les inſtitutions politiques, malgré leurs vices apparents,
doivent quelquefois leur origine à l'expérience. En
matiere de gouvernement, beaucoup de philoſophes ont imité l'exemple de Platon, & créé des
républiques qui ne pourront jamais exiſter que dans
leurs livres.

On doit encore obſerver que ceux qui propoſent,
pour baſes du gouvernement, des principes puiſés
dans les écrits dès moraliſtes & des philoſophes,
ont un grand avantage ſur ceux qui veulent diriger les inſtitutions d'après la foibleſſe & les paſ-
ſions des hommes. Il eſt plus facile aux premiers

de se faire entendre , & d'exalter l'imagination de la multitude qui confond si fréquemment la licence avec la liberté : mais ceux qui donnent à cette derniere expression le véritable sens qu'elle doit avoir , ont de grandes difficultés à vaincre. Les précautions qu'ils désirent, pour rendre la liberté durable , exigent, pour être approuvées , bien plus de sang-froid & de réflexion.

Sans doute il ne peut exister aucun gouvernement parfait. Les défauts s'augmentent avec la complication des moyens nécessaires pour maintenir l'ordre public dans un vaste royaume : mais il faut examiner ces moyens avec l'attention la plus sévere , & adopter ceux qui offrent le moins d'inconvéniens , & le plus d'avantages.

L'organisation d'un gouvernement monarchique doit être telle que le Monarque jouisse de toute l'autorité nécessaire pour faire exécuter les loix ; pour maintenir la sûreté & la tranquillité dans l'intérieur , & garantir l'État des entreprises de ses ennemis.

Si la dignité royale étoit élective , elle exciteroit tellement l'ambition , que chaque vacance du trône susciteroit des brigues , des complots , entraîneroit des querelles sanglantes , ainsi que le prouvent les exemples de plusieurs Peuples anciens & modernes. D'ailleurs , pendant le temps consacré aux élections, il n'y auroit point, dans le Royaume , de pouvoir exécutif assez respecté pour faire observer les loix ; c'est-à-dire , que la mort d'un Roi seroit toujours le signal du trouble & de l'anarchie. La Couronne doit donc être indivisible & héréditaire ; & la loi de l'hérédité doit toujours être inviolable , afin que les citoyens ne s'égorgent pas sur les marches du trône, pour se donner des Rois.

L'autorité du Roi n'étant que l'exécution de la loi, il n'est aucune partie du gouvernement & de l'administration à laquelle cette autorité puisse être étrangere. Mais je ne veux point ici faire le détail des prérogatives qui doivent lui être réservées.

En examinant les principes qui doivent régler l'organisation du gouvernement François, n'oublions jamais que, pour prévenir le despotisme, il faut rendre impossible la réunion de tous les pouvoirs, dans quelques mains qu'elle dût être placée.

Quels moyens doivent être destinés à empêcher le Roi d'abuser de la force publique, pour faire exécuter ses volontés particulieres, & pour s'emparer exclusivement de la puissance législative? Ces moyens sont très-simples & très-connus : la permanence ou le retour annuel des Assemblées Nationales, -- la nullité de tous les subsides qui ne seroient pas accordés par ces Assemblées, -- la liberté de la presse, -- l'armée constituée de maniere à ne pouvoir jamais être employée contre la liberté publique, -- des administrations provinciales, -- des municipalités, -- tous les citoyens plus directement intéressés aux affaires publiques, -- la responsabilité des Ministres, de tous les autres agens de l'autorité, & la destruction des ordres arbitraires.

Il faudroit trop de temps pour analyser ces diverses parties de la constitution : mon objet n'a pas été d'expliquer tous les principes de la monarchie, mais seulement de proposer quelques ré-

flexions fur des points importans que j'ai cru n'être
pas affez médités.

L'autorité du Monarque devant être tellement
réglée qu'elle puiffe faire le bonheur du peuple,
mais qu'elle ne puiffe jamais lui impofer le joug
d'une honteufe fervitude, il eft abfolument néceffaire que cette autorité foit rendue ferme & fta-
ble dans fes mains, afin qu'il foit impoffible à tout
corps, à tout particulier, de la lui ravir ; car une
autorité ufurpée n'eft plus réglée par la loi : en lui
ôtant la place que la conftitution lui avoit affignée,
on la met hors des limites, elle n'a plus aucun frein,
& rien ne peut l'empêcher de nuire.

Pour maintenir les droits de la Couronne, il
faut que la perfonne du Roi foit inviolable &
facrée ; car s'il n'étoit pas hors de l'atteinte des
tribunaux ou de toute autre autorité, il exif-
teroit un pouvoir exécutif fupérieur au fien, il
ne feroit plus Monarque.

Il doit être confidéré comme le chef de
la Nation & le repréfentant de la majefté du
peuple François : il doit être le diftributeur des
honneurs & des grâces : un grand éclat doit annoncer fon éminente dignité.

La conftitution doit, en organifant le pouvoir
légiflatif, l'environner de tous les obftacles néceffaires, pour qu'il ne porte jamais atteinte au pouvoir exécutif ou qu'il ne puiffe pas s'en emparer.

On dira peut-être, quand on aura lu mes réflexions fur ce fujet, que je parle avec prolixité
des précautions à prendre pour garantir l'autorité du Roi des entreprifes du corps légiflatif,
tandis que je ne donne aucun développement aux
moyens d'arrêter les entreprifes de l'autorité

royale. Mais la raiſon de cette différence eſt facile à comprendre. Dès qu'un peuple eſt éclairé
ſur ſes droits, dès qu'il a recouvré ſa liberté,
il ne ſauroit la perdre que par le mauvais uſage
qu'il peut en faire. Mais quand il importe à la
conſervation de cette même liberté, de placer
une grande puiſſance dans les mains d'un ſeul
homme, il faut bien plus de combinaiſons pour
la défendre de toute uſurpation, & pour l'in-
veſtir d'une force réelle, qu'il n'en faut pour
l'empêcher d'aſſervir le peuple. Nul n'eſt plus
pénétré que moi de la néceſſité de retenir l'autorité royale dans de juſtes limites : mais les
moyens me paroiſſent trouvés, ils ſont dans la
bouche de tout le monde.

Du Corps légiſlatif.

Nous avons vu précédemment que la loi, pour
être toujours dirigée vers l'intérêt public, ne
doit pas être faite ſans l'intervention des repréſen-
tants librement élus par le peuple : ils ne peuvent
être nommés que pour un tems court, afin que,
devant rentrer bientôt dans la condition de ſimples
citoyens, ils n'oublient ou ne trahiſſent jamais les
droits attachés à ce titre.

On doit faire participer au choix des repréſen-
tants, le plus grand nombre de citoyens poſſible, en prenant ſeulement quelques précautions
pour ne pas admettre des hommes ſans domicile
ou d'une extrême indigence.

On doit exiger qu'on n'éliſe pour repréſen-
tants, que des perſonnes ayant une propriété en
immeubles, ſans qu'il ſoit néceſſaire qu'elle ait une

valeur confidérable. Je croirois qu'elle devroit fuffire, fi elle valoit 12,000 liv. en capital.

On dira que c'eft mettre obftacle à la confiance: mais les électeurs ne choififfent pas un repréfen-tant pour leur feul intérét; c'eft pour celui de la Nation entiere : il eft bon d'éclairer leur choix par des regles précifes. Il faut qu'un membre du corps légiflatif foit au-deffus du befoin, qu'il foit intéreffé à tous les genres de loix & de fublides, qu'il foit intéreffé au maintien de l'ordre public, aux progrès de l'agriculture, à la profpérité de fa patrie; il eft donc utile qu'il ait une propriété. les Anglois, les treize Etats-Unis de l'Amérique ont exigé un revenu confidérable, pour qu'un citoyen puiffe prétendre à la qualité d'éligible. Il faudroit avoir une philofophie bien hardie pour vouloir être plus exempt de préjugés que les Américains.

Je ne penfe pas que le Monarque doive jamais former lui-même des loix : il peut feulement re-commander de prendre un objet en confidéra-tion ; & cette recommandation ne peut produire quelque effet qu'autant qu'elle donneróit lieu à un des membres de propofer une loi nouvelle, fuivant les formes déterminées : mais fi le Roi envoyoit aux repréfentants de la Nation des Edits dont tous les articles feroient préparés, la Couronne pourroit fe hâter de prévenir leurs deffeins, toutes les fois qu'elle en feroit inftruite, leur faire perdre ainfi l'ufage de former eux-mêmes les loix, & fe l'attribuer exclufive-ment : la liberté feroit moins affurée; car un Monarque qui a le droit exclufif de propofer les loix, faifit l'inftant favorable pour accroître fa puiffance par un acte de la légiflation , ou bien il laiffe les abus fe multiplier , & au lieu de les combattre par les loix , il les protege & les tourne à fon avantage. Je crois donc, comme Delolme , que *l'initiative* en matiere de légiflation ne doit jamais appartenir au Monarque, & qu'en cela le gouvernement monarchique offre une perfection qu'il eft impoffible de rencontrer dans la plûpart des républiques, où , pour empêcher les corps légiflatifs de fe livrer aux changemens avec trop de précipitation , les Magiftrats jouiffent du droit exclufif de propofer les loix.

Au furplus *l'initiative*, exercée par le fénat ou les repréfentànts , eft plutôt favorable qu'elle n'eft nuifible à la majefté du trône. Il n'eft plus expofé au danger de propofer des loix qui pourroient être rejettées. Il refufe ou il approuve , fans en expliquer les motifs.

De la fanction Royale.

Les repréfentans ne doivent pas faire des loix fans le concours du Monarque dont la fanction eft abfolument néceffaire. Cette queftion eft déjà décidée par les cahiers ; car dans le plus grand nombre il eft dit expreffément que toutes les loix feront concertées avec le Roi. On ne pourroit donc déclarer cette fanction inutile , fans contredire le vœu de la Nation. Mais quand ce principe ne feroit pas exprimé dans les pouvoirs donnés par les commettans , il fuffiroit qu'ils n'euffent pas indiqué clairement une volonté contraire , pour qu'il dût être refpecté.

Tout corps, de quelque maniéré qu'on le compose, cherche à augmenter ses prérogatives; toute autorité veut s'accroître, si l'on n'oppose une digue à son ambition. Le représentans du peuple pourroient devenir les maitres absolus du Royaume, si leurs résolutions ne rencontroient aucun obstacle. Il est certainement impossible d'espérer que les représentans de la Nation aient toujours les mêmes opinions & les mêmes desseins que le Prince & ses Ministres : dans beaucoup de circonstances, ces diverses autorités auront à se combattre. La prudence & la sagesse exigent qu'on ne laisse à aucun des deux partis des armes assez dangereuses pour qu'il soit facile à l'un d'opprimer l'autre & d'usurper ses droits. Donner aux représentans de la Nation la faculté de faire seuls toutes les loix, seroit soumettre à leur volonté les prérogatives de la Couronne.

L'élection libre des représentants permet sans doute d'espérer que la plupart seront toujours des hommes vertueux : mais par-tout où seront les hommes, il faut prévoir les effets de leurs passions. Ne seroit-il pas à craindre qu'à l'avenir une Assemblée nombreuse de représentants, si ses résolutions n'éprouvoient jamais la moindre résistance, se laissât facilement entraîner par des orateurs adroits ou enthousiastes ? & le desir même du bien ne pourroit-il pas être un moyen certain de l'égarer ? On lui persuaderoit que tout ce qui seroit fait par elle le seroit plus justement, plus exactement que par une autre autorité. Par exemple on se plaindroit d'une injustice dans la distribution des emplois, elle voudroit se la réserver : on blâmeroit la discipline de l'armée, elle voudroit en régler les détails : elle finiroit bientôt par oublier qu'il existe un Monarque : n'étant retenue par aucun frein, elle prendroit sa volonté pour unique regle ; & alors elle établiroit des loix pour les personnes, pour les circonstances, pour des actions antérieures.

Quand l'Assemblée des représentants disputeroit au trône une portion d'autorité, elle auroit pour ses prétentions l'appui de la multitude flattée de l'accroissement du pouvoir dans les mains de ceux qu'elle auroit choisis ; & la Couronne n'auroit aucun moyen de défense, s'il ne lui étoit assuré par la constitution.

Qu'on ne pense pas qu'il soit facile de suppléer la sanction royale, & qu'en traçant dans la constitution les limites de l'autorité des représentants, il leur soit impossible de les franchir ; certainement toutes les regles seront inutiles, lorsqu'on s'en rapportera à ceux qu'elles intéressent, pour le soin de les interpréter. Certainement on ne sauroit commettre une plus grande imprudence, que de confier à un corps, ou à un individu, l'exécution de la loi qui doit enchaîner sa volonté.

La loi n'est qu'un vain mot, quand il n'existe aucun moyen pour la faire respecter. D'après ce principe incontestable, comment pourroit-on lier les représentants & prévenir l'accroissement de leur puissance, si l'on se bornoit à écrire leurs devoirs, & si la combinaison des ressorts du gouvernement ne défendoit pas l'autorité royale.

Espérer que la Nation pourroit empêcher le corps législatif de s'emparer du pouvoir exécutif, seroit admettre qu'elle est en état de se gouver-

ner elle-même, fans chef & fans loix. Il faudroit
donc laiſſer à tous les diſtricts la faculté de cenſurer le corps légiſlatif, expoſer les repréſentans à perdre la confiance publique ſur les moin-
dres ſoupçons, ſur la moindre calomnie, & permettre à chaque individu de condamner la loi.
Ainſi vouloir établir par la conſtitution, comme
quelques-uns le propoſent, un droit de *veto* en
faveur des Commettans, ſeroit introduire dans
le Gouvernement François la ſource des troubles
les plus affreux, livrer les loix au mépris, & tout
ſubordonner à la violence. D'ailleurs, dans les
diſtricts appercevroit-on les changemens inſen-
ſibles ? Et ſi ces changemens étoient trop favorables à la démocratie, la multitude voudroit-
elle s'en plaindre ?

Toutes les fois que la Nation voudra juger
entre ſes repréſentans & le Roi, elle ne pourra
le faire ſans ſe placer au deſſus d'eux, ſans
anéantir leurs-pouvoirs ; elle ne pourra donc inter-
venir que par le déſordre, l'inſurrection ou
l'anarchie. Cette triſte intervention ne peut jamais
être déſirée par les bons citoyens, à moins que
la tyrannie ne ſoit au comble : mais il ne faut
jamais la provoquer, & ſur-tout ne jamais calculer l'organiſation d'un Gouvernement, ſur les
moyens propres à le détruire.

Et que peut-on redouter de la ſanction royale,
lorſque la fiſcalité qui corrompoit précédemment
toutes les loix n'exiſtera plus ? Comment le Roi
pourroit-il avoir intérêt à rejetter celles qui ſeroient utiles au Peuple ?

Certainement les plus belles fonctions de la ſouveraineté ſont celles du corps légiſlatif ; ſi le
Monarque

Monarque n'en étoit pas une portion intégrante, s'il n'avoit aucune influence fur l'établiffement des loix, il ne feroit abfolument qu'un Magiftrat à fes ordres ou un fimple général d'armée; le Gouvernement ne feroit plus monarchique, mais républicain : l'autorité royale n'obtiendroit plus le refpect du Peuple, puifqu'elle ne contribueroit plus à lui procurer de bonnes loix. Remarquons ici qu'il eft infiniment important pour le bien public, de conferver au trône une grande majefté, que comme chef de la nation, le Roi doit toujours être traité avec refpect, & que fi la Nation elle-même étoit affemblée, elle auroit befoin d'un chef, & devroit avoir pour lui les plus grands égards.

Mais ceux qui s'oppofent à la fanction royale, difent que le Roi n'eft qu'un délégué de la Nation, & qu'il ne peut pas avoir le droit de s'oppofer à fa volonté; c'eft ainfi que, par l'abus des expreffions, on obfcurcit les vérités les plus fimples.

Il eft très-vrai que le Roi eft le délégué de la Nation ; il doit s'honorer de ce titre : mais les Députés choifis dans chaque diftrict ne font pas la Nation ; ils ne font auffi que des délégués : ils n'ont d'autre pouvoir, d'autre autorité que celle qu'ils ont reçue par leurs mandats, & à l'avenir ils n'en auront d'autre que celle qu'établira la conftitution. Cette autorité fe bornera toujours à concerter les loix avec le Monarque, tandis que celui-ci eft délégué tout-à-la-fois pour être chef fuprême de la Nation, portion intégrante du corps légiflatif, dépofitaire des forces publiques, & chargé de faire exécuter la loi.

La Nation n'exerçant pas elle-même fa puiffance, & ne devant pas l'exercer, ne peut avoir d'autre volonté que celle des perſonnes qu'elle en a rendues dépoſitaires, à moins qu'elles n'en abuſent pour la retenir dans l'oppreſſion. Ainſi la volonté de la Nation Françoiſe ſe formera par le concours des volontés de ſon Roi & de ſes repréſentans.

Et qu'on réfléchiſſe combien il ſeroit injuſte d'ôter au Prince le droit de ſanctionner les loix, tandis que la Couronne a exercé pendant pluſieurs ſiecles toute la plénitude du pouvoir légiſlatif. Les Députés qu'il a convoqués, qu'il a invités à la réforme des abus, à la régénération du Royaume, les Députés qui l'ont nommé le Reſtaurateur de la Liberté Françoiſe, pourroient-ils vouloir juſqu'à ce point affoiblir l'autorité royale, & ne lui laiſſer pour ainſi dire que le vain titre de Roi.

Je ſais que la reconnoiſſance ne doit jamais faire ſacrifier les droits d'un peuple : mais lorſqu'un Monarque s'eſt rendu digne de l'amour de ſes ſujets, c'eſt au moins un motif de plus pour ne détruire aucune de ſes prérogatives, ſans la plus évidente néceſſité.

Qu'on ne diſe pas qu'en laiſſant au Monarque le droit d'approuver ou de rejetter une loi nouvelle, on réunit les pouvoirs légiſlatif & exécutif dans les mêmes mains : un pareil droit n'eſt pas le pouvoir légiſlatif, mais ſeulement une portion de ce pouvoir, puiſque le Roi n'aura pas la faculté de donner force de loi à ſes volontés particulieres. Ainſi ce droit ne réunit pas tous les pouvoirs dans les mains du Roi, & il prévient cette réunion dans celles des repréſentans. Delolme a très-judicieuſement obſervé que le partage du pouvoir exécutif l'énerve entiérement, & qu'il eſt un malheur pour l'État, tandis que le partage du pouvoir légiſlatif produit au contraire les plus grands avantages, en ce qu'il rallentit la marche de la législation, & la rend sage & réfléchie. Il faut en effet beaucoup de lenteur & de prudence pour l'établissement des loix, & beaucoup de promptitude & d'activité dans leur exécution.

C'est donc un des principes les plus sacrés de la Monarchie, que le Roi est portion intégrante du Corps législatif, & que, pour conserver l'indépendance de la Couronne, pour garantir la liberté du peuple des entreprises qui pourroient être faites dans la suite par ses représentans, pour la dignité du trône, pour le bonheur public, il a le droit de rejetter une loi par un *veto* ou de l'approuver par sa sanction, sans être forcé de donner les motifs de son refus; car s'il étoit obligé de les faire connoître aux représentans, ceux-ci pourroient se croire en droit de les juger, & conséquemment de ne point y avoir égard.

Les constitutions Américaines ne laissent au gouverneur, en matiere de législation, qu'un pouvoir suspensif dont le tems est déterminé : mais cet exemple ne peut certainement être appliqué à une monarchie. Les gouverneurs de l'Amérique ont une très-foible autorité ; elle ne sauroit prévenir les abus de pouvoir des sénateurs & des représentans , & j'ignore si elle peut suffire à la population de leurs États : mais la puissance de ces gouverneurs est trop peu considérable, pour que les chambres législatives en soient envieuses, & cherchent à la diminuer, pour augmenter la leur.

D'ailleurs, les prérogatives des gouverneurs ou présidens Américains sont sous la sauve-garde de tous ceux qui peuvent espérer de leur succéder. Comme ils ne possédent leur place que pour un petit nombre d'années, il est peu de membres du corps législatif qui ne conçoivent l'espérance d'y parvenir un jour. L'autorité du Roi de France doit être au contraire très-grande pour le bonheur de ses sujets, elle doit être héréditaire. Tous les efforts peuvent être dirigés contr'elle, il faut que la Constitution lui assure les moyens de s'en garantir.

Plusieurs de ceux qui reconnoissent la nécessité de la sanction du Monarque pour toutes les loix, prétendent qu'on ne doit pas la demander pour la constitution : ils se fondent sur une supposition métaphysique, ils disent que l'Assemblée actuelle, étant une *Convention Nationale* pour fixer la constitution, exerce tous les droits du peuple François, & qu'elle doit régler tous les pouvoirs, sans que le consentement du Prince soit nécessaire.

Voici mes réflexions sur ce sujet : j'ignore pourquoi on se plaît à considérer une Nation comme une société sans gouvernement, sans loix, sans Magistrats, & enfin comme un corps désorganisé ; j'ignore pourquoi on cite des hypothèses chimériques ; car vingt-quatre millions d'hommes ne peuvent être réunis dans une seule assemblée, & s'il étoit possible qu'ils fussent réunis, je demande si la puissance royale une fois établie cesseroit d'exister. Un peuple en corps qui ne reconnoîtroit aucun chef seroit dans les convulsions de la plus horrible anarchie.

Ainsi supposer que l'Assemblée Nationale représente une Nation sans Monarque, une société naissante, est vraiment une supposition absurde.

Si l'Assemblée Nationale est ce qu'on nomme chez les Anglois une *Convention*, il faut au moins reconnoître qu'elle a été formée pour agir de concert avec le Roi, & que la puissance du Monarque qui l'a convoquée existoit avant elle.

On ne peut sans doute comparer cette *Convention* à celle qu'établirent les Anglo-Américains, lors de leur insurrection contre l'Angleterre. Ce peuple avoit brisé tous les liens qui l'attachoient à la Grande-Bretagne, il étoit rentré dans son indépendance naturelle, il n'avoit aucun pouvoir à maintenir, il avoit pour ainsi dire tout à créer. Ainsi la Convention de chaque Etat ne devoit consulter que la pluralité des suffrages de ses Membres. L'Assemblée de France au contraire a été convoquée par le Roi. La Nation n'a jamais eu le dessein de porter atteinte aux véritables principes de la Monarchie ; elle a voulu seulement qu'on déterminât des limites pour qu'elle ne dégénere plus à l'avenir en puissance arbitraire. Tous les Députés trouvent à cet égard leurs devoirs écrits dans leurs mandats. Il leur est recommandé de joindre leurs efforts à ceux du Prince, pour rétablir sur des bases solides la félicité générale.

S'il est vrai que jusqu'à ce jour on ait pu dire que le peuple François n'avoit point de constitution, on ne doit pas cependant le considérer comme dépourvu de tout Gouvernement. L'Assemblée Nationale est chargée par ses commettans de faire respecter l'autorité du Roi. Si elle avoit le droit de fixer la constitution sans qu'il y prît aucune part, il faudroit en conclure qu'elle auroit le droit de disposer à son gré de toutes les prérogatives de la Couronne.

Je fuis loin de comparer l'influence qui peut appartenir au Roi fur la conftitution, avec celle qui doit lui être réfervée fur les loix: Il peut refufer des loix fans en expliquer les motifs, tandis qu'il n'auroit pas le droit de déclarer qu'il s'oppofe à l'établiffement d'une conftitution ; car après avoir appellé fes Sujets à la liberté, il ne peut pas dire, je ne veux plus qu'ils foient libres. Je foutiens feulement qu'étant intéreffé à la conftitution, étant chargé de la faire obferver, ayant un pouvoir antérieur qu'elle doit régler & non pas détruire, il eft néceffaire qu'il la figne & la ratifie. S'il trouvoit, dans quelques articles, de grands inconvéniens, il pourroit demander qu'ils fuffent changés; & les repréfentans verroient à leur tour fi les changemens exigés ne compromettroient point la liberté publique.

Suite des obfervations fur la compofition du Corps légiflatif.

Je crois avoir démontré, par les réflexions précédentes, combien il importe à la liberté publique d'empêcher, par la conftitution, la réunion de tous les pouvoirs dans les mains des repréfentans, & de maintenir l'indépendance de l'autorité du Roi. J'ajoute maintenant que, pour remplir ce but important, il ne fuffiroit pas de déclarer néceffaire la fanction royale.

La fanction royale peut être, dans quelques occafions importantes, de la plus grande utilité : mais il eft impoffible de fe diffimuler que ce moyen feroit foible & prefqu'inutile, s'il n'étoit secondé par d'autres reſſorts. Les repréſentans auroient, pour enchaîner le *veto* du Roi, une arme à laquelle un Monarque peut rarement réſiſter, c'eſt le refus de l'impôt.

J'avoue que cette arme eſt ſi dangereuſe qu'elle peut bleſſer ceux même qui l'emploient, s'ils ne s'en ſervent pas avec les plus grandes précautions. Il eſt certain qu'en refuſant avec obſtination les ſubſides, on briſe à la fois tous les liens du Gouvernement : mais dans la chûte de l'édifice la puiſſance royale ſeroit la premiere écraſée : c'eſt elle qui en ſoutient toutes les parties, elle courroit le premier danger ; & dans l'inſtant où tout payement lui deviendroit impoſſible, elle ceſſeroit d'être une puiſſance. Il eſt ſans doute bien inutile de préſenter ici toutes les conſéquences qui réſultent de la néceſſité du conſentement des repréſentans de la Nation, pour la perception des ſubſides. Il eſt facile de juger, par la cruelle ſituation où ſe trouve un Gouvernement lorſque le déſordre eſt dans ſes Finances ; quelle arme terrible ont ceux qui peuvent à leur gré empêcher ou faire naître ce déſordre.

Quelques perſonnes ont tort de prétendre que la reſſource de l'impôt ſoit illuſoire. Je la trouve d'une ſi grande force, ſi propre à gêner tous les mouvemens de l'autorité, que je n'héſite pas de croire que la conſtitution de France imitera l'exemple de celle d'Angleterre, & défendra expreſſément aux repréſentans de la Nation, de joindre aux loix *de ſubſides*, d'autres loix, pour forcer le Roi à les ſanctionner ſans diſtinction.

En prenant même la précaution de ſéparer les ſubſides des autres loix, l'impôt n'eſt pas moins un reſſort efficace pour affoiblir, pour annuller, pour ainſi dire, le moyen de réſiſtance qu'on laiſſe au Monarque, par la faculté de ſanctionner ou de refuſer une loi nouvelle. Comme l'impôt eſt la baſe de ſa puiſſance, le terme conſtant des efforts de ſes miniſtres, il faut ſans ceſſe obſerver les plus grands ménagements envers le corps qui en diſpoſe. Il faut craindre de l'irriter; & la néceſſité d'oppoſér le *veto* royal à une de ſes réſolutions, eſt une extrémité très-fâcheuſe qui peut avoir les plus funeſtes conſéquences. Si les repréſentans attaquoient avec paſſion une partie des prérogatives du Prince, & qu'ils euſſent ſurtout en leur faveur l'opinion de la multitude, le *veto* pourroit compromettre l'autorité de la Couronne.

Le *veto* du Roi offre donc, pour la conſtitution, une protection bien inſuffiſante; il ne pourroit certainement mettre la liberté publique & ſon autorité à l'abri des erreurs ou des entrepriſes d'une ſeule Aſſemblée.

Perſonne n'a été plus convaincu que moi de la néceſſité de délibérer par tête & en un ſeul corps, dans les États-Généráux de 1789. Pour donner une conſtitution à un peuple, il faut néceſſairement adopter des moyens qui triomphent de tous les obſtacles & qui facilitent la deſtruction des abus : mais j'ai penſé & je penſe encore que les mêmes moyens mis en uſage après la conſtitution la rendroient incertaine, favoriſeroient les changemens, ne permettroient jamais une bonne légiſlation, & auroient une force irréſiſtible qui pourroit entraîner la France dans les plus grands malheurs.

Je ſens que la conſtitution d'un Peuple ne peut

pas être éternelle, mais on sera du moins forcé d'avouer qu'il ne faut rien négliger pour la rendre durable, que le moindre dérangement dans l'organisation des pouvoirs peut exciter des troubles, occasionner la réunion des pouvoirs dans les mêmes mains, c'est-à-dire, le despotisme. Il faut donc que la constitution une fois établie soit respectée, & qu'elle ne puisse subir aucun changement qui n'ait été préparé par de longues réflexions & par la nécessité la plus évidente

Malgré le *veto* du Roi, malgré toutes les défenses, toutes les précautions qui pourroient faire partie de la constitution elle-même, elle ne reposera jamais sur des bases solides ; les inconvéniens retracés précédemment pour démontrer la nécessité de la sanction royale, subsisteront dans toute leur force, & rien ne pourra retenir l'autorité des représentans dans de justes limites, si le corps qui prépare les loix, n'est formé que par une seule Assemblée. Lorsqu'elle seroit entraînée par l'enthousiasme ou la prévention, je demande si elle obéiroit facilement à un principe constitutionel. Ne pourroit-il pas arriver des circonstances où des projets chimériques de perfection auroient séduit un instant l'opinion publique & les représentans ? Assurés d'un pareil appui, ne se hâteroient-ils pas d'exécuter ces projets ? Voudroient-ils se soumettre aux formes qui leur auroient été tracées ? & leur impatience ne les jugeroit-elle pas inutiles ? Ne tacheroient-ils pas de vaincre la résistance du Monarque, par tous les moyens qui seroient en leur pouvoir ? Et n'est-il pas évident que, dans cette lutte dangereuse entre le trône & les représentans, il n'existeroit alors aucun conciliateur, aucun moyen de tempérer la violence des efforts respectifs, qu'aucun principe ne seroit respecté, & que la querelle ne se termineroit que lorsque l'une des deux autorités auroit subjugué l'autre, & conséquemment détruit la liberté publique ?

D'ailleurs toutes les fois qu'on agit avec passion, on se fait aisément illusion à soi-même, on ferme volontairement les yeux sur les infractions des loix, on les interpréte, on les élude, au gré de ses desirs. La passion même du bien public produit les mêmes effets. Une seule Assemblée qui croira qu'un changement importe au bonheur de l'Etat brisera l'obstacle que lui opposeroit la constitution ; & en supposant qu'on n'osât point la mépriser trop évidemment, on lui porteroit des atteintes indirectes qui ne seroient pas facilement apperçues ou qui ne paroîtroient pas importantes. Personne n'ignore comment toutes les institutions s'éloignent, avec le temps, du but qui les a formées, comment tous les corps alterent, d'une maniere insensible, le régime qui leur étoit prescrit, & comment sur-tout ils savent invoquer l'éternelle excuse des circonstances.

. Dans la premiere session d'un corps délibérant qui avoit une constitution à observer, & qui ne pouvoit y faire aucun changement sans la participation des *constituants*, j'ai compté trois infractions pendant l'espace d'un mois.

La plupart des États-Unis de l'Amérique ont formé leur corps législatif de deux Chambres & d'un Gouverneur. La Pensilvanie n'a établi qu'une seule Chambre: mais les Pensilvaniens reconnoissent aujourd'hui que leur constitution a été dirigée par des idées trop abstraites & trop métaphysiques, & qu'on n'avoit pas assez examiné quel frein exigent les passions des hommes, & quelles institutions contribuent le plus à leur bonheur. Les bons citoyens de cet Etat demandent deux Chambres, & font au moment de les obtenir.

Non-feulement une feule Affemblée pourroit rendre la conftitution incertaine, mais elle bouleverferoit fréquemment toutes les loix: chaque jour une propofition nouvelle conduiroit à une délibération précipitée; ou fi l'on obfervoit des formes, des délais, fi l'on faifoit plufieurs lectures d'une propofition, lorfqu'elle auroit féduit le plus grand nombre, il n'y auroit aucun moyen de mettre à profit le tems fixé par les réglemens, les difcuffions feroient troublées, & les difcours qui combattroient un fyftéme favorifé ne feroient pas entendus. L'inftabilité de la légiflation la feroit méprifer par le peuple. Les Juges, dans l'impoffibilité de retenir toutes les loix, de calculer les époques de leur établiffement & celles de leur abrogation, finiroient par fe décider arbitrairement; le calme feroit fans ceffe interrompu dans le Royaume par des innovations, la Monarchie Françoife feroit un édifice dont les bafes n'auroient aucune folidité; le goût des changemens, & le deffein même de l'embellir l'ébranleroit fans ceffe, & bientôt occafionneroit fa chûte.

Je fuis même convaincu qu'aucune Affemblée ne peut obferver un réglement avec exactitude : mais qu'importent quelques inobfervations d'un réglement pour la police intérieure, lorfque la loi n'eft pas à la difpofition d'une feule Affemblée. Je cite cet exemple pour prouver qu'il eft impoffible de limiter les réfolutions d'un corps délibérant, s'il a, lui feul, la garde des limites, & s'il n'eft pas arrêté par des obstacles qui puissent l'empêcher de les détruire ou de les franchir.

Confier à l'avenir la législation à une seule Assemblée, pourroit être également favorable à une aristocratie de représentants, en leur procurant la réunion des pouvoirs, & à la tyrannie démocratique, en exaltant les idées de la multitude ; enfin cette forme de gouvernement pourroit être favorable au despotisme d'un seul , & conséquemment elle seroit toujours funeste à la liberté de la Nation. Combien de fois l'Assemblée n'appercevroit pas les pieges que lui tendroient des Orateurs animés par la plus funeste des passions, celle de la célébrité , ou des Orateurs vendus à un parti de factieux qui chercheroient à s'élever sur les ruines de l'autorité royale , ou enfin ceux dont des Ministres ambitieux dirigeroient les discours.

Ces réflexions prouveroient l'utilité d'un corps placé entre le Roi & les représentants. Ce corps devroit être constitué de maniere qu'il ne pût jamais nuire à la liberté publique, qu'il fût intéressé à maintenir la constitution, à empêcher les représentants de détruire ou d'usurper l'autorité royale, à empêcher le Roi d'empiéter sur les droits des représentants.

Ce que je conçois de plus parfait en ce genre, est la pairie d'Angleterre. Les Membres de la Chambre des Pairs n'ont aucun rapport avec ce que nous appellons un Ordre de Noblesse : leur famille ne forme pas une classe distincte & séparée des autres citoyens : leurs fils aînés seuls peuvent prétendre à l'espoir de parvenir à la Chambre haute ; mais les cadets & tous ceux qui leur succedent, ne peuvent entrer que dans la

Chambre des Communes. Les Lords n'ont donc aucun intérêt à délibérer contre la félicité générale, puisque leurs freres & leurs enfants n'échapperoient pas à l'avilissement & à l'infortune des autres citoyens ; mais ils ont les plus puissans motifs pour conserver l'autorité de la Couronne contre les entreprises des représentans du Peuple, & à défendre la liberté du Peuple contre les entreprises de la Couronne.

Que deviendroit le pouvoir & la dignité des Pairs d'Angleterre, si le Roi acquéroit le despotisme absolu, ou si les représentans du Peuple s'emparoient du pouvoir exécutif. Dans le premier cas, ils subiroient, comme les autres citoyens, le joug de l'esclavage ; dans le second, ils seroient subordonnés à la Chambre des Communes.

Les Pairs Britanniques doivent donc être considérés comme des magistrats héréditaires, établis pour le maintien de la constitution.

Cette hérédité choque d'abord les notions philosophiques. Il est absurde, dit-on, qu'un homme naisse magistrat. Mais encore une fois, rien n'est plus dangereux en politique, que de s'arrêter au premier apperçu. Ce qui paroît un inconvénient, est un grand bien dans certaines circonstances, parce qu'il prévient des inconvéniens plus funestes. La magistrature des Pairs est héréditaire en Angleterre comme celle du Roi, parce que cette hérédité présente des avantages inapréciables : elle rend les Pairs indépendants du Prince & du Peuple, & les attache au maintien des droits de la Chambre haute.

Je connois les vices de la Constitution Britannique, & sur-tout l'irrégularité de la représentation dans la Chambre des Communes : mais je suis toujours convaincu qu'on ne peut organiſer avec quelque perfection un Gouvernement monarchique, ſans ſe rapprocher des principes de celui des Anglois. On ne prétendroit pas pouvoir faire mieux que cette Nation, ſi l'on ſe rappelloit qu'elle a profité des leçons de l'expérience, & qu'elle a employé des ſiecles à concilier la liberté publique avec l'autorité du Roi.

Les opinions en France ſont très-ſouvent des opinions de mode qui changent & ſe répandent auſſi ſubitement que les variétés dans les coſtumes. Il y a peu de temps que, ſur la foi de quelques Ecrivains, on profeſſoit l'admiration la plus outrée pour la conſtitution d'Angleterre. Aujourd'hui on affecte de la mépriſer, d'après un Auteur Américain rempli de contradictions. On ne voit pas qu'il eſt plus facile de cenſurer cette conſtitution, que de bien ſaiſir la liaiſon de toutes ſes parties. On ne voit pas que preſque tous les États-Unis de l'Amérique ont calqué leur gouvernement ſur celui d'Angleterre, avec des changemens que la foibleſſe de leur population a pu autoriſer.

Les reproches ſi ſouvent répétés de vénalité & de corruption, ſont infiniment exagérés. Ce qu'ils ont de réel eſt étranger à la conſtitution, & ſe rencontre par-tout où ceux qui gouvernent ont des grâces à diſtribuer, c'eſt-à-dire, dans tous les pays connus. Les réſolutions du Parlement, lors de la derniere maladie du Roi, prouvent, il eſt vrai, l'influence extrême de M. Pitt : mais cette influence même démontre qu'il n'exiſtoit pas de corruption. La corruption auroit dû faire pencher la balance en faveur du Prince de Galles qui étoit au moment d'acquérir la dignité ſuprême, & qui tôt ou tard, en ſuppoſant même la guériſon du Roi, devoit avoir la possibilité de récompenser : on devoit abandonner un Ministre contre lequel tous les amis du Prince héréditaire formoient une opposition déclarée, & de qui on ne pouvoit rien espérer ; car naturellement on devoit croire la maladie du Roi incurable. Ainsi l'influence de M. Pitt a été celle de la vertu.

Mais il faudroit trop prolonger cet Ecrit, si je voulois défendre la constitution Britannique contre toutes les attaques de ses adversaires, & démontrer ce que je regarde comme certain, (malgré l'infâme presse des matelots & d'autres abus qui ternissent ce Gouvernement,) que l'Angleterre est actuellement le pays de l'Europe où l'on jouit de la plus grande liberté.

Il seroit au pouvoir des François de former une institution à peu près semblable à la Pairie d'Angleterre : mais les idées actuellement reçues s'y opposent tellement, qu'il est inutile de s'en occuper davantage : & je n'en ai parlé que pour la satisfaction d'avoir indiqué la forme que je croyois la plus parfaite, pour un corps législatif dans une monarchie. D'autres feront peut-être plus d'efforts pour détruire les préjugés actuellement répandus sur ce sujet, & cette noble entreprise seroit digne de l'éloquence de M. Bergasse qui, dans un de ses ouvrages, a déjà fait connoître combien il désireroit en France l'établissement d'une Chambre des Pairs.

Dans mes Observations sur les Etats-Généraux, j'avois présenté l'esquisse d'un projet de deux Chambres dont je n'avois pu combiner tous les détails avec assez de réflexion : mais du moins j'avois été dirigé par le désir de confier le maintien de la dignité & de la puissance du Trône à des personnes qui par leurs distinctions étoient intéressées à les maintenir, en évitant néanmoins de faire renaître la séparation des Ordres, & en ne leur donnant même aucune représentation particuliere.

Plusieurs personnes voudroient établir en France dans le corps législatif, au lieu d'une magistrature héréditaire, un sénat dont tous les membres seroient élus pour rester en place pendant leur vie. Je ne pense pas qu'on puisse adopter ce projet qui n'auroit point l'avantage de la pairie héréditaire. Un Pair Britannique s'intéresse à la conservation de sa dignité qui doit passer à l'un de ses enfans. Il consentiroit difficilement à la sacrifier pour son intérét personnel, & il refuseroit son suffrage à des loix qui, en donnant trop d'extension aux prérogatives de la Couronne, anéantiroient l'autorité de la pairie.

Un sénateur à vie ne pourroit s'affectionner autant à son emploi. Il seroit à craindre qu'il ne s'en fît un moyen de fortune pour sa famille, sur-tout sur la fin de sa carriere, lorsque le désir du repos le rendroit indifférent au maintien des droits de sa place. Il seroit à craindre que le sénat ne fût trop dirigé par l'influence ministérielle : au surplus, si l'on démontroit que ces craintes sont chimériques, je cesserois de combattre ce projet.

D'autres proposent aussi de diviser les représentans de la Nation en deux Chambres qui ne présenteroient aucune différence ni dans l'élection de leurs membres, ni dans la durée de leurs fonctions. On doit préférer sans doute une division divifion quelconque de Chambres à une feule Affemblée : mais il faut réfléchir que deux Chambres abfolument femblables n'offrent qu'une féparation en deux bureaux, que ceux qui les compoferoient feroient fufceptibles de fe laiffer entraîner par les mêmes moyens, & qu'un enthoufiafte ou un homme corrompu pourroit, pour préparer le fuccès de fes vues, raffembler la majorité d'une Chambre, & la difpofer en faveur de l'opinion qu'il devroit foutenir dans l'autre Chambre.

Si l'on veut rallentir les délibérations, & donner une forte de révifion à deux Chambres fur leurs réfolutions refpectives, il faut, non pas qu'elles aient des intérêts oppofés, mais une pofition différente qui les empêche de s'animer des mêmes paffions, & qui permette d'efpérer que les mêmes circonftances ne pourront les égarer toutes les deux en même tems; il faut conféquemment établir des regles différentes pour le choix & les qualités des membres qui les compofent.

Nous devons au moins efpérer qu'on établira un fénat formé comme la plupart des premieres Chambres Américaines, & une Chambre de repréfentans. Celle-ci pourroit être compofée d'environ fix cents perfonnes élues par les citoyens de tous les rangs, dans chaque diftrict, & nommée pour le terme de trois ans. C'eft dans la Chambre des repréfentans, que toutes les loix de l'impôt prendroient naiffance, ainfi que dans celle d'Angleterre, fans que le fénat pût jamais y faire le moindre changement.

Le fénat feroit formé par trois cents repréfentans élus par les Adminiftrations Provinciales, pour le terme de fix ans. Pour que cette nomi-

D

nation ne pût pas donner aux Adminiſtrations Provinciales une trop grande prépondérance , &
qu'elles ne devinſſent pas un centre de cabales &
d'intrigues , il faudroit ordonner que lors de
l'élection des ſénateurs, on joindroit aux Adminiſtrations Provinciales, un nombre égal de Députés particuliers, choiſis d'après les mêmes regles que les membres des Adminiſtrations.

Les ſénateurs devroient être âgés de trente-cinq
ans accomplis, & poſſéder en immeubles dix mille
livres de revenu. On trouvera peut-être que
c'eſt accorder la préférence aux richeſſes, & accroître la cupidité; mais puiſque le bien public
exige une différence de poſition entre les deux
Chambres, & qu'on ne veut pas adopter une magiſtrature héréditaire, il faut néceſſairement profiter de la diſtinction des fortunes. Le nombre
des propriétaires qui ont dix mille livres de
revenus en immeubles eſt très-conſidérable. L'opulence procure tant d'avantages, qu'il eſt impoſſible de rien ajouter aux efforts multipliés de tous
les citoyens pour y parvenir. Ces efforts ſont
même très-utiles au bien public , quand ils
ne ſont pas contraires aux loix, puiſqu'ils néceſ-
ſitent l'amour du travail & l'emploi de tous les
talents, & qu'ils diminuent les inconvéniens de la
trop grande inégalité des fortunes.

Un riche propriétaire a plus d'intérêt au maintien de la tranquillité publique, il a plus de motifs pour redouter les innovations. Par la compoſition d'un ſénat telle qu'on vient de l'indiquer, on
joindroit à la différence des richeſſes, la prudence que donne l'âge le plus avancé. Ce ſénat ſeroit chargé de l'honorable ſoin de maintenir la

constitution, de ne pas souffrir qu'il y fût fait le moindre changement, si ce n'est par les formes qu'elle auroit déterminées, & de défendre les prérogatives de la Couronne.

Les sénateurs restant plus de tems en place que les représentans, & ne pouvant jamais être renouvellés à la fois, mais seulement par portion, apprendroient mieux à connoître combien il est important de ne jamais changer une loi sans nécessité, & suivroient avec plus de constance les mêmes principes.

Je pense que le sénat devroit avoir le droit de refuser une loi par un *Veto*. S'il n'avoit qu'un droit suspensif, une mauvaise loi triompheroit de ses efforts ; l'amour-propre irrité de ceux qui en auroient été les auteurs dans la chambre des représentans, la feroit reparoître subitement après les termes fixés. L'obstacle passager, causé par le sénat, ne seroit propre souvent qu'à redoubler leur impatience ; & alors le *Veto* royal ne seroit plus assez fort pour l'arrêter.

Indépendamment de cette considération, je vais en proposer une autre que je crois sans réplique. Pour que le sénat puisse être utile au maintien de la liberté & de l'autorité royale, il est évident qu'il doit être respecté, il doit être une sorte de magistrature créé par la Nation, avoir la préséance sur la Chambre des représentans, frapper les regards par quelque appareil, quelques marques de dignité ; mais il est facile de voir que s'il n'avoit que le pouvoir suspensif, les riches propriétaires, les hommes éclairés préféreroient d'être élus représentans ; & le sénat ne seroit formé que par ceux qui n'auroient pu réussir à se

faire nommer dans l'autre chambre, il feroit bientôt ridiculifé par fon impuiffance, & par le peu
d'importance de fes fonctions.

Il faudroit donner au fénat le droit de propofer
des loix comme à la Chambre des repréfentans.
Les hommes aiment à faire ufage de leur puiffance.
Si le fénat ne pouvoit montrer la fienne qu'en exerçant le droit de *Veto*, il feroit à craindre qu'il
n'en fît trop fouvent ufage ; car il pourroit s'en
fervir avec moins d'inconvénients pour lui-même
que l'autorité royale ne pourroit fe fervir du fien.
En laiffant au fénat la faculté de propofer une loi,
on le rend moins empreffé d'exercer, fans une
grande néceffité, le droit de *Veto*.

Cette compofition du fénat doit plaire même
aux plus démocrates. Je n'imagine pas que l'orgueil puiffe s'irriter de voir accorder la préféance
à un fénat formé par des hommes plus favorifés
de la fortune ; car c'eft toujours le même intérêt.
D'ailleurs les perfonnes riches ne fe deftine-
roient pas toutes au fénat, un très-grand nombre
s'emprefferoit d'entrer dans la Chambre des repréfentans. Il ne fera jamais humiliant d'avouer qu'on
n'a pas en immeubles un revenu de dix mille
livres.

En Angleterre, les chevaliers qui repréfentent
les comtés, doivent être plus riches que les repréfentans des bourgs & des cités, & les pairs
doivent l'être plus encore. Chez les Américains,
les membres des fénats ou des confeils doivent avoir
un revenu plus confidérable que ceux de la Chambre des repréfentans. Je pourrois trouver des
exemples à peu près femblables dans un grand
nombre de Républiques. On fait que les Romains

ont été long-tems claſſés par leurs revenus dans les Aſſembiées générales.

Ceux qui ont profondément réfléchi ſur le Gouvernement monarchique trouveront peut-être la formation de ce ſénat inſuffiſante, pour remplir le but auquel il ſeroit deſtiné. Je déclare que j'appréhende auſſi qu'il ne le ſoit, & que je ne le trouve pas aſſez intéreſſé à ſoutenir les prérogatives royales : mais enfin cette compoſition des deux Chambres eſt au moins ce qu'il faut obtenir pour le ſalut de la France. Si elles ſont formées avec moins de différence encore, ou ſi l'on n'en établit qu'une ſeule, on peut s'attendre à l'incertitude ou à la verſatilité dans la légiſlation, à la foibleſſe du pouvoir exécutif, à l'anarchie, à tous les maux qu'elle peut produire.

Qu'on ne diſe pas que les *Veto* du Roi & des deux Chambres pourroient retenir le corps légiſlatif dans l'inaction. Le Roi & les ſénateurs auroient intérêt à paſſer une loi pour augmenter leur puiſſance ; & dans ce cas, ce ſeroit leur conſentement, & non pas leur *Veto*, qui ſeroit funeſte. Ils s'oppoſeroient probablement aux innovations qui tendroient à diminuer leurs prérogatives ; & alors ils ne feroient que maintenir la conſtitution : mais pour toutes les loix qui ne ſeront relatives qu'à la liberté perſonnelle, à la police, à l'adminiſtration, aux propriétés, quel motif auroient-ils de les rejetter, ſi elles leur paroiſſent avantageuſes à l'État ? Il faudra donc, pour qu'ils les combattent, qu'elles leur paroiſſent contraires à la conſtitution, ou nuiſibles au bien public. Ainſi les *veto* du Roï & du ſénat ne ſeroient pas un obſtacle à l'établiſſement des bonnes loix.

D 3

Il eſt impoſſible que le Roi, le ſénat & les repréſentans s'accordent à repouſſer toutes les loix néceſſaires, & à détruire le Gouvernement; & comme je l'ai déjà obſervé dans un de mes précédens ouvrages, l'inconvénient de manquer une loi utile eſt bien moindre que celui d'en faire trop facilement de mauvaiſes.

Jamais aucun Peuple n'a juſqu'à ce jour fait conſiſter la liberté publique dans la faculté illimitée de multiplier les loix. Sous les formes les plus démocratiques, on a décidé qu'on ne pouvoit être forcé d'obéir à ce qui étoit contraire à la volonté générale : mais on n'a jamais penſé qu'il fallût mettre cette volonté générale toujours en activité. On a aſſigné aux magiſtrats, preſque dans toutes les Républiques, le droit excluſif de propoſer les loix; le peuple n'y peut donc pas faire autant de loix qu'il en déſire. On pourroit citer une foule de précautions auxquelles les Anciens avoient recours pour éviter les changements inconſidérés dans la légiſlation. Il eſt plus avantageux ſans doute de ne pas réſerver à des magiſtrats le droit de propoſer des loix; mais créons au moins des obſtacles pour en prévenir la multiplicité & pour aſſurer leur ſageſſe.

Deux Chambres paroiſſent encore plus indiſpenſables quand on réfléchit aux moyens ſimples & naturels qu'elles procurent pour le jugement des crimes, dans les fonctions publiques, par les Miniſtres ou d'autres perſonnes conſtituées dans les hautes dignités. Le pouvoir exécutif ſeroit ſans force ſi les Miniſtres du Roi étoient expoſés à la vengeance des mécontens, dont ils ne peuvent éviter d'accroître chaque jour le nombre. Il importe

autant à la sûreté publique de garantir les Ministres des vexations fufcitées par des animofités
particulieres, que d'affurer leur punition quand
ils font coupables. Autorifer contr'eux des pour-
fuites criminelles, fur les plaintes d'un feul dénon-
ciateur, feroit empêcher le Prince de pouvoir
former fon confeil. Un Miniftre, relativement à fes
fonctions, ne doit être accufé que par les repréfentans du Peuple : c'eft à eux feuls à décider s'il
eft criminel envers la Nation, & à demander qu'il
foit puni, lorfque les preuves de fes fautes leur
auront paru évidentes.

Si les repréfentans pourfuivoient un Miniftre
devant un tribunal ordinaire, ils donneroient à
ce tribunal une autorité dangereufe : s'ils le pourfuivoient devant des Jurés, les Miniftres ont tant
d'ennemis, que fouvent la récufation ne fuffiroit pas pour exclure tous ceux qui devroient lui
être fufpects; d'ailleurs un petit nombre de particuliers feroit facilement entraîné par le cri public
& par l'influence des repréfentans.

Mais en formant deux Chambres, les repréfentans pourfuivroient les coupables devant le fénat;
& l'on ne pourroit avoir aucun doute fur les crimes
d'un Miniftre ou d'un autre agent de l'autorité,
jugé coupable par les repréfentans & enfuite par
les fénateurs. La faculté de juger les accufations
connues en Angleterre fous le nom d'*Empêche-
ment*, ne pourroit pas être confidérée comme
une réunion de pouvoirs; car le fénat n'auroit
pas le droit de faire des loix, mais feulement celui
d'y concourir; & conféquemment, en exerçant
pour ce genre de délit le pouvoir judiciaire, il
feroit dirigé par des regles antérieures qu'il ne pour-

roit pas abroger à fon gré. Ainfi il n'y auroit point de réunion de pouvoirs ou d'autorité arbitraire.

On ne fait point encore affez pour la fûreté & l'indépendance du trône, fi le Roi n'a pas le droit de diffoudre la Chambre des repréfentans, & de former par ce moyen une forte d'appel au peuple, de leurs réfolutions. Il peut arriver des circonftances malheureufes où l'une des deux Chambres & même toutes les deux, irritées contre l'autorité royale, ou contre fes agens, adopteroient des mefures allarmantes qui, malgré le *veto* royal, feroient propres à bouleverfer la conftitution, & à mettre le trône en danger. Je ne citerai pas ici un exemple connu de tous mes lecteurs. Cet exemple n'eût jamais exifté, fi le droit de diffoudre n'eût pas été abandonné par l'infortuné, qui fut la victime de fa foibleffe. Ce droit effentiel pour la confervation du Gouvernement monarchique, ne fera nullement contraire à la liberté, s'il eft décidé par la conftitution que, dans l'acte même qui diffout une des Chambres, une nouvelle convocation fera indiquée, afin qu'une autre Affemblée foit formée, dans le plus court délai.

Des pouvoirs qui doivent être à l'avenir confiés aux Repréfentans.

Si l'on défire d'affurer à la Nation Françoife une jouiffance longue & paifible du bonheur qu'on lui prépare, il faut que la conftitution trace précifément les fonctions des repréfentans, que celles des électeurs foient bornées à les choifir, qu'ils puiffent leur donner des inftructions, & non leur dicter des ordres abfolus ni gêner leur confcience.

Si la conſtitution elle-même n'inveſtit, pas de plein droit à l'avenir, les repréſentans, d'une ſorte de magiſtrature, d'une fonction publique & légale, ſi chacun d'eux n'eſt que le porteur de la volonté de ſon diſtrict, il ſera au pouvoir d'un ſeul homme, dans le plus petit village, de bouleverſer le Gouvernement.

Il n'aura qu'à faire dans l'aſſemblée de la Commune une propoſition bien exagérée, bien propre à ſéduire la multitude. Elle deviendra un ordre pour le député, elle ſera publiée, imitée dans toutes les aſſemblées du même genre, lés repréſentans ſeront envoyés pour en faire une loi. La conſtitution ſera détruite ou changée, & le royaume livré à des troubles funeſtes. D'ailleurs les loix ſeroient ſouvent impoſſibles; car, dans une foule de circonſtances, les mandats ſeroient impératifs en ſens contraire; il n'y auroit par ce moyen aucune majorité de ſuffrages.

Actuellement les repréſentans ne peuvent agir qu'en vertu des pouvoirs qu'ils ont reçus, parce qu'aucune loi n'a réglé leurs fonctions: mais après l'établiſſement de la conſtitution, il ſeroit certainement contraire à tous les principes, qu'une ville, un diſtrict ou une province pût faire la loi à tout le royaume, & menacer de ſe ſéparer de l'aſſociation, ou de déſobéir aux déciſions du corps légiſlatif. Certainement une petite partie de la Nation ne peut pas exercer un droit qui n'appartiendroit qu'à la Nation entiere, s'il étoit poſſible qu'elle s'aſſemblât dans une vaſte plaine, & qu'elle y délibérât à la pluralité des voix.

On objectera peut-être que la pluralité des mandats formeroit alors la pluralité des ſuffrages de la Nation : mais comment concilier les vœux contraires, pour former une majorité de voix entre des perſonnes qui ont délibéré ſur des queſtions différentes à un grand éloignement les unes des autres, & ſans s'être communiqué leurs avis ? Au ſurplus, je crois avoir démontré qu'il n'eſt jamais convénable à un peuple, & ſur tout à un peuple nombreux, de ſe réſerver le pouvoir légiſlatif. J'ajouterai qu'il lui ſeroit bien plus funeſte encore de l'exercer partiellement, & de tranſporter la ſouveraineté dans chaque diviſion du territoire. Il déſuniroit alors le corps ſocial qui ſeroit bientôt détruit.

Pour que le gouvernement François ait quelque ſtabilité, le corps légiſlatif quelque puiſſance, & le corps ſocial une force d'enſemble, il faut donc que l'Aſſemblée Nationale chargée par ſes commettans d'établir une conſtitution, & conſéquemment d'organiſer tous les pouvoirs, détermine préciſément, en vertu de l'autorité qui lui a été confiée, les fonctions des membres du corps légiſlatif, & qu'il ſoit défendu aux électeurs d'impoſer des loix à leurs députés, & d'exiger d'eux des engagemens de ſe conformer à leurs volontés, à peine de nullité de l'élection.

La Conſtitution doit être promulguée comme définitive.

Je voudrois faire appercevoir les dangers d'un ſyſtême exceſſivement répandu, ſur la maniere de promulguer la conſtitution. Un grand nombre de perſonnes, paroiſſent croire qu'on ne peut la pré-

fenter comme définitive , & qu'il faut en foumettre le projet aux provinces , ou à une nouvelle
Affemblée. On fe fonde fur les prétendus vices
de la repréfentation actuelle : mais quand il feroit
vrai que la repréfentation auroit été défectueufe
en quelques points, n'eft-elle pas devenue légitime
par le confentement du peuple François ?

Le premier caractere que doit avoir une repréfentation , eft certainement la confiance de ceux
qui l'ont formée. Il eft vrai que, dans plufieurs parties du royaume , on s'eft plaint de quelques articles du réglement provifoire , & qu'on a témoi-
gné le défir de voir adopter , pour les Affemblées
futures , une organifation plus réguliere : mais
exifte-t-il un feul diftrict, dans le royaume , où le
corps des habitants ait refufé d'élire, où il ait défa-
voué la repréfentation. Les mandats donnés aux
membres de l'Affemblée , renferment tous les pouvoirs fuffifans pour reconnoître, déclarer ou établir les loix fondamentales de la conftitution de
la France ; & je ne penfe pas qu'aucun député
eût accepté fes pouvoirs , s'il eût pu croire qu'ils
étoient rendus nuls par la nature de la repréfentation. J'obferve encore que fi la repréfentation actuelle étoit affez irréguliere pour annuller les pouvoirs relatifs à la conftitution , elle annulleroit
également ceux qui feroient relatifs à toute autre
matiere , & alors toutes les réfolutions prifes par
l'Affemblée , ne feroient que de fimples projets.

La France eft actuellement en proie à l'anarchie la plus allarmante. Tous les liens de la fubor-
dination font brifés : fi l'on ne fe hâte de les re-
nouer, bientôt il ne fera plus tems. L'habitude de la
force & de la violence fe fera tellement enracinée

que les loix ne pourront plus obtenir les refpeéts de la multitude. Il faut donc donner le plutôt poffible au royaume une conftitution. Tous les bons Citoyens la défirent comme un port dans la tempête ; ils s'emprefferont de s'y mettre à l'abri. Elle fera un fignal de ralliement, pour les amis de l'ordre & de la liberté : mais ofer entreprendre de foumettre la conftitution au jugement des provinces ou d'une nouvelle Affemblée, feroit vouloir facrifier la France pour des fubtilités métaphyfiques, l'expofer à tous les fléaux réunis, & ruiner pour jamais la plus belle contrée de l'Univers.

Toutes les provinces n'ont-elles pas récemment adreffé à l'Affemblée Nationale des témoignages de confiance ; & fi l'on croit qu'elles doivent ratifier les réfolutions de leurs repréfentars, il eft évident qu'elles pourront chercher vainement une conftitution pendant des fiecles. Les différences d'avis dans les diftriéts, exigeroient des délibérations nouvelles, enfuite une autre ratification ; & il n'y a point de motifs pour croire qu'on pourroit enfin parvenir à un réfultat.

Une conftitution provifoire, bien loin d'être un remede aux maux aétuels, un moyen de rétablir la tranquillité, ne feroit certainement qu'un fujet fécond de troubles & de malheurs. En la renvoyant à la décifion des provinces, il feroit impoffible d'efpérer qu'elles parvinffent à adopter les mêmes opinions. En attendant la volonté d'une autre Affemblée, on maintiendroit l'anarchie, on lui donneroit de nouvelles forces. Il feroit impoffible d'efpérer qu'elle penfât, fur tous les points, comme la premiere. Le réfultat commun de ces deux partis feroit donc de nouveaux débats, de nouvelles haines, la ruine du royaume, & la perte de la liberté sans retour.

Des moyens de corriger les vices de la Constitution.

Je trouve aussi les plus grands dangers dans le système de ceux qui voudroient annoncer des époques fixes, & des convocations extraordinaires pour corriger la constitution ; c'est comme si l'on vouloit, à des tems marqués, rendre les loix sans force, rompre tous les ressorts du gouvernement, & livrer la France à toutes les fureurs de la discorde.

Certainement on ne pourroit pas désigner un terme pour des changemens indéterminés dans le gouvernement, sans que chaque individu ne prît soin de les prévoir, & de les calculer au gré de ses desirs. On méprise une autorité dont on espere l'anéantissement prochain, & l'empire de la violence seroit bientôt le seul en vigueur. Le bonheur public étant inséparable de la force des loix, il faut que le gouvernement soit stable & qu'on inspire aux François, dès leur enfance, le plus profond respect pour la constitution. Il n'est pas à craindre que ce respect soit un moyen d'oppression; car la constitution ne peut être chérie du peuple que lorsqu'elle lui procure des avantages sensibles. Les hommes ont plus de penchant à maudire leur sort qu'à le bénir. Il faut calmer les inquiétudes de leur imagination, pour leur apprendre à sentir le prix des biens dont ils jouissent : mais, si ces biens ne sont pas réels, il est difficile de leur en faire supposer l'existence.

J'admire le refpect religieux des Anglois, pour les défauts même de leur conftitution ; c'eft qu'ils favent que le bien & le mal font quelquefois fi intimement liés, qu'en voulant ôter celui-ci on arrache l'autre, & que le bien étant plus difficile à rétablir, le mal feul eft enfuite replacé.

Je ne veux pas dire qu'une conftitution puiffe être éternelle : mais il me femble que les changemens ne devroient jamais être précipités, que furtout il faudroit employer les moyens qui n'excitent ni trouble ni convulfion, qu'il eft inutile, ou plutôt qu'il eft funefte d'indiquer des époques fixes pour en renouveller l'examen. Ceux qui connoiffent les hommes, favent que mille ou douze cents perfonnes ne s'affembleroient pas extraordinairement pour déclarer que tout eft bien & digne d'être confervé. Quelqu'excellente que pût être la conftitution, elle auroit fûrement des inconvéniens, & fouvent, fans réfléchir qu'ils tiennent à de plus grands avantages, dans le deffein de la perfectionner, on la détruiroit, ou on la rendroit plus vicieufe encore.

Je defirerois donc qu'il n'y eût jamais d'Affemblée extraordinaire, foit pour maintenir, foit pour corriger la conftitution, que fa folidité réfultât de l'organifation des pouvoirs, que les moyens de corriger fes défauts fuffent placés dans cette même organifation, & que les corrections fuffent lentes & difficiles. Pour changer un feul article de la conftitution, le confentement du Roi & des deux Chambres feroit néceffaire. Le confentement étant donné, le changement feroit annoncé dans le Royaume, comme un fimple projet, afin de profiter de toutes les lumieres. Le projet ne deviendroit une loi définitive que lorfqu'il auroit obtenu un fecond confentement du corps légiflatif, après un terme où il y auroit eu une nouvelle élection de repréfentans.

Il me femble qu'on parviendroit à concilier ainfi les motifs qui profcrivent la trop grande facilité des changemens, & ceux qui ne permettent pas qu'on les rende impoffibles. Je crois fur-tout qu'il ne pourroit être propofé, de cette maniere, que des changemens utiles, & qu'ils n'exciteroient aucune commótion.

Les partifans d'une convocation extraordinaire ne manqueront pas de dire que cette forme atten-teroit aux droits du peuple : mais je répondrai que le peuple n'a point de droits contraires à fon bonheur, & qu'on confond trop fouvent fa force & fa puiffance avec fes droits.

Dès qu'il eft prouvé que la Nation ne peut, fans nuire à fon bonheur, exercer par elle-même la fouveraineté, il ne faut donc pas l'exciter à la reprendre, fous le prétexte de corriger la confti-tution, puifqu'on provoqueroit la plus affreufe anarchie.

Il n'eft nullement contraire aux droits du peuple François de confier, en fon nom , au corps lé-giflatif le droit de faire des changemens dans la conftitution, avec les précautions qu'on vient d'in-diquer ou d'autres du même genre, Une convoca-tion extraordinaire qui ne feroit pas combinée de maniere à prévenir la réunion des pouvoirs, pour-roit opérer la tyrannie démocratique ou la diffo-lution de la fociété. Je ne crois pas qu'il foit pru-dent, qu'il foit même jufte d'inviter le peuple à *déforgarifer* le corps politique.

S'il eft utile à la félicité générale de garantir le

Monarque & les repréfentans de toute entreprife fur leur autorité refpective, cette utilité ne doit elle pas être conftamment protégée? Après avoir ôté à la Couronne tous les moyens de nuire, & ne lui avoir laiffé que ce qu'exige le bonheur public, voudroit-on encore ne pas lui affurer la jouiffance paifible de fes prérogatives? faut-il fixer un terme où ces limites feront arrachées, & où l'une de ces autorités pourra devenir arbitraire ?

Mais je prévois une autre objection : c'eft qu'on priveroit le peuple de tous les moyens de fecouer le joug, fi tous les pouvoirs s'accordoient pour le lui rendre infupportable. Premierement cet accord eft impoffible; & s'il ne l'étoit pas, il exifte un remede terrible, il eft vrai, celui de l'infurrection : mais, dira-t-on, ne vaudroit-il pas mieux éviter ce cruel moyen, & en indiquer d'autres. -- Une bonne confti- tution n'impofe jamais au peuple la néceffité de l'infurrection, & la rend impoffible, tant qu'elle n'eft pas néceffaire; car, fi elle l'eft une fois, il n'eft point de pouvoir fur la terre capable de l'em- pêcher : mais les moyens que vous préfentez pour éviter l'infurrection, ne font précifément autre chofe que les maux de l'infurrection elle-même, rendus fréquens & inévitables. Ceux que je pro- pofe ne laiffent cette reffource que lorfqu'elle eft abfolument indifpenfable. Et vous! vous vou- driez la transformer en fléau périodique.

Puiffe une heureufe conftitution être bientôt le fruit des travaux de l'Affemblée Nationale! Jamais il ne fut plus dangereux de perdre un feul moment. Puiffe-t-on fentir que fi l'on vouloit

loit trop entreprendre, on s'exposeroit à manquer tous les succès, que le plus important devoir est d'assurer la liberté publique, & que pour l'assurer il suffit d'organiser le corps légiflatif, & de placer les limites nécessaires pour que les différens pouvoirs ne s'entre-détruisent pas & ne se réunissent jamais entiérement dans les mêmes mains.

Sans doute les bases des réformes essentielles doivent être posées, & aucun abus ne peut être consacré : mais que tous les abus ne soient pas détruits à la fois ; car leur destruction doit être faite avec justice & lenteur ; & quand on s'occupe du bonheur général, il ne faut pas tellement oublier celui des individus qu'on les prive de tous les moyens de se procurer leur subsistance.

Quel Citoyen ne doit pas frémir d'impatience, dans l'attente d'une constitution qui doit faire cesser l'anarchie, nous permettre de remplir une de nos obligations les plus sacrées, celle d'acquitter les dettes de l'État, de rétablir l'ordre & l'économie dans les Finances, de rendre l'activité à la perception des subsides, & de mettre l'égalité entre la recette & la dépense.

Si l'on ne place dans la constitution que ce qui est nécessaire pour le maintien de la liberté, elle sera courte, simple & claire.

Ah ! puisqu'une destinée fatale a voulu que la liberté fût toujours achetée par de grands sacrifices, puisque la témérité des ennemis du bien public avoit inspiré de fausses mesures qui, en provoquant l'emploi des forces individuelles, ont préparé la plus funeste anarchie, puisque cette

E

anarchie n'a pas encore cédé aux preuves de juſtice & de bonté données par le Roi, à ſon dévouement généreux, c'eſt de la vertu, c'eſt du courage des bons Citoyens qu'il faut eſpérer le ſalut de la patrie. Ils ſentiront la néceſſité de n'é-tablir dans aucune partie du Royaume, un pou-voir indépendant du corps légiſlatif. Dans ma pro-vince, on a juré de défendre la liberté publique & de maintenir dans toute ſon intégrité l'auto-rité royale, ſans laquelle la liberté ne peut pas exiſter en France. C'étoit jurer de combattre l'a-narchie, & ce ſerment doit être écrit dans le cœur de tous les bons François.

F I N.